내가 꿈꾸던
교회는

IVP(InterVarsity Press)는
캠퍼스와 세상 속의 하나님 나라 운동을 지향하는
IVF(InterVarsity Christian Fellowship)의 출판부로
생각하는 그리스도인을 위한 문서 운동을 실천합니다.

한국 교회의
빛나는 유산

내가 꿈꾸던
교회는

글 **안정혜** 그림 **김영화**

Ivp

차례

	작가의 글	6
	등장 인물	12
1회	너 교회 다니지?	15
2회	말로 하지 않는 전도	45
3회	한국 교회의 빛나는 유산	81
4회	이웃과 함께하는 교회	125
5회	내가 꿈꾸던 교회는	161
	주	220

작가의 글

이 책은 속초중앙교회 설립 70주년을 맞아 교회 역사를 만화로 그리고 싶다는 의뢰를 받아 시작되었다. 시부모님이 출석하고 계신 교회라, 시댁에 들를 때면 항상 이곳에서 예배를 드렸다. 가나안 교인으로 산 지 15년이 넘어가지만, 그래도 결혼하고 10년 가까이 꾸준히 출석하고 있는 교회는 이 교회가 유일하다고 할 수 있다.

2022년 봄, 건강 문제로 주간 연재를 쉬고 있던 때였다. 갓 초등학교에 입학한 큰아이를 등교시키고 아픈 둘째를 데리고 병원에 가던 길이었는데, 속초중앙교회 강석훈 담임목사님이 직접 전화를 주셔서, 교회 역사를 만화로 남기고 싶다고 말씀하셨다. 처음에는 건강 문제로 고사하려 했다. 하지만 목사님이 짧지만 강렬하게 말씀하시기를, 속초중앙교회 역사는 한국 교회 역사와 맥이 닿아 있기에, 이 만화는 개교인을 위한 만화를 넘어 한국의 그리스도인들이라면 누구나 공감할 수 있는 내용이 될 거라고 하셨다. 무엇보다 팬데믹을 겪고 있는 이 시대 그리스도인들에게 꼭 필요한 이야기라고 피력하셔서 마음이 동했다. 건강이 온전히 회복되지 않은 때여서 김영화 작가에게 그림을 부탁하고 글과 콘티를 잡아 나가기 시작했다.

처음에는 학습 만화처럼, 교회 역사를 시간 순서대로 그리면 좋겠다고 단순하게 생각했다. 하지만 교회에서 보내 주신 자료를 보고 생각이 달라졌다. 교회에서는 70주년을 기념하는 교회 역사책과, 사진집 그리고 역사 만화까지 모두 3종 출간을 기획했는데, 역사책은 장신대학교 임희국 교수님이 집필을 맡으셨고, 사진집은 교회의 역사편찬위원회가 담당하였다. 이 두 권의 책은 이미 집필을 시작한 지 꽤 지난 상태였기에 만화를 그리는 자료로 활용할 수 있었다. 임희국 교수님이 집필 중인 교회 역사책에는 한국 장로교의 역사부터 시작해, 어떻게 교회가 그 믿음의 유산을 계승했는지 면밀히 나와 있었는데, 나도 모르게 빠져들어 읽었다.

코로나 팬데믹 이전부터, 한국 교회에 적잖이 실망한 나였다. 그래서 가나안 교인으로 살면서 교회 내부 성찰을 촉구하는 만화를 주로 그려 왔다. 교회가 변하길 바라는 마음으로 교회의 어두운 면을 조사하고 퍼 올리며 그려 내는 일은 제 살 깎기처럼 아팠다. 모태신앙인 내게 교회는 어린 시절에는 안식처였고, 생각하면 즐거운 기억이 떠오르는 곳이었다. 그러나 말씀을 공부하며 깨달은 바, 진정한 교회는 지금 내가 다니는 개교회를 넘어서 예수님을 왕으로 따르는 커다란 공동체라는 생각이 들면서 시선이 넓어지자 고통이 시작되었다. 교회 안의 수많은 성범죄, 부동산 투기, 각종 불법 행위 등 마음 아픈 사건들이 끝도 없었다. 교회에 대한 좋은 기억이 더 많은 것은 순전히 행운이었다. 지금 내게 교회란 수치심으로 얼룩져 있는 곳이다. 한국 교회가 왜 이렇게 되었을까 궁금했지만, 정작 한국 교회의 역사를 돌아

볼 생각은 하지 못했는데, 이번에 그 기회가 왔다.

제국 열강들에 의해 온 나라가 흔들렸던 19세기 후반, 1885년 인천 제물포에 당도해 복음을 전하기 시작한 외국인 선교사들의 이야기에서 한국 교회가 시작된다. 열강들의 치밀한 정치 공작과 일제의 야욕 앞에 굴복하지 않았던 선조들의 이야기 속에 교회가 있었다. 조선의 아이들을 돌보고 가르쳤던 언더우드 선교사와 일제의 제암리 학살 사건을 해외에 알리고 한국어 보존 연구에 힘썼던 그 후손들의 이야기, 차별받는 여성들이었음에도 불구하고 말씀을 공부해 여성 계몽 운동에 앞장서고, 신사 참배 거부 운동을 펼치는 데 큰 영향력을 행사한 전도 부인들 이야기, 3·1운동이 전국적으로 확산된 계기에 교회가 있었다는 사실 등 당시 한국 교회는 진정 고난받는 자와 함께하는 예수의 정신이 깃든 곳 같았다.

그러나 한국 최초로 서양식 병원을 세운 알렌 선교사의 또다른 면모라든가, 기독교 총회가 신사 참배를 결의하는 과정에서 전도 부인들을 소외시킨 모습 등 부끄러운 교회 역사도 같이 보게 되었다. 중요한 건, 한국 교회의 빛과 어둠의 역사 속에서 무엇을 배우고 어떤 유산을 이어받을지 선택하며 나아가야 한다는 것이고, 나는 이를 속초중앙교회 역사를 보며 알았다. 교회는 병원을 짓고 소외된 이웃들을 돌봐 온 한국 교회의 유산을 이어받아 이웃들에게 진정으로 필요한 것이 무엇인지 세심하게 살피는 데 매우 애를 썼다. 한 예로 속초에 큰 산불이 났을 때, 피해 입은 지역 이장들에게 연락해 이재민들에게 필요한 물품을 조사하고, 옷과 신발을 신체 사이즈에 맞추어 준비

해 지급했다. 보통 이재민 구호품을 나눌 때, 산더미처럼 옷가지들을 쌓아 두고 알아서 가져가라고 하는 경우가 대부분이다. 최근 튀르키예 대지진 때 어떤 시민들은 입지도 못할 옷을 구호물품이라고 보내서 국제 망신을 당하기도 했다. 그만큼 우리는 뭐라도 받으면 감사한 줄 알라는 태도로 대할 때가 얼마나 많은지 모른다.

속초중앙교회는 특히 이런 부분에서 감수성이 뛰어나다. 코로나 팬데믹으로 무료 급식소가 모두 문을 닫자, 사랑의 도시락 사업을 시작해 도시락을 나누고, 주민센터와 협력하여 도시락을 직접 배달하기도 했다. 교회는 이 과정에서 교회의 이름을 내거는 대신 '행복나눔 봉사단'을 만들었다. 봉사를 전도 수단으로 이용하지 않고, 이웃 돕기라는 본연의 목적에 맞게 봉사하는 교회의 모습에 그동안 한국 교회에 가졌던 나의 차가웠던 마음도 녹기 시작했다.

코로나 펜데믹 초기에 주변 사람들에게 교회 다닌다고 말하기가 민망할 정도로 교회는 거센 비난을 받았다. 정부 수칙을 어기고 예배를 강행한 교회는 이기적 집단으로 비쳤고, 심지어 교회가 이단이라고 비난하는 곳과 같은 취급을 받았다. 비기독교인들은 하나님은 잘 몰라도, 원수를 사랑하고 이웃을 사랑하라고 하신 예수님의 말씀은 대부분 알고 있다. 그렇기에 내 교회, 내 사람만 챙기는 배타적인 교회의 모습을 보며 사람들은, 교회가 말하는 '이웃 사랑'이 대체 어디에 있는지 의문을 품었을 것이다.

그래서 이 만화의 큰 주제를 '이웃 사랑'으로 잡았다. 믿는 대로 행하는 '신행일치' 신앙을 기반으로 어려운 이웃과 연대하고 소통하며 섬기려 애쓰는 교회의 선한 모습을 보며 기독교인으로서 앞으로 나아가야 할 방향을 상상해 보았다. 그렇게 생각하니, 이 만화의 주인공이 떠올랐다. 바로 한국 교회의 유산을 이어갈 다음 세대, 청소년이었다. 이 만화를 통해 기독교인이라는 정체성에 의문을 갖거나 위축되어 있는 많은 청소년을 격려하고 기독교의 선한 영향력도 전하고 싶었다. 그래서 그들을 대변하는 '주찬양'이라는 청소년을 주인공으로 삼고, 찬양이가 가진 질문, "기독교인으로 사는 것이 부끄럽다. 그럼 나는 어떻게 해야 하나?"에 답을 찾아가는 여정으로 만화를 그리기로 했다. 시간순으로 교회 역사를 다루려고 한 초반 기획도 그래서 주인공 찬양이에게 집중하여 결말을 지었다. 그래서인지 에끌툰에 만화를 연재할 때에 재미있게 봤고 너무 좋았다는 감상을 청소년 독자들이 댓글로 써 주었을 때 특히 기뻤다.

    이 만화가 속초중앙교회의 역사를 면면히 다루지 못했음에도 불구하고, 만화의 중심 주제에 깊이 공감하며 마지막 화를 매듭지을 때까지 묵묵히 응원해 주시고, IVP를 통해 책으로 출간될 수 있게 도와주신 강석훈 담임목사님과 출판사 관계자들께 이 자리를 빌려 감사의 말씀을 드린다. 또한 질문이 생길 때마다 어느 때고 흔쾌히 전화를 받아 주시고 오류를 바로잡아 주시며 감수 역할을 맡아 주신 고석진 장로님, 자신감이 없어질 때마다 재밌다며 응원해 주시고 기도로 함께해 주신 나의 영적 어머니이신 시어머니 박미라 권사님께 애정을 담아 진심으로 감사를 드린다.

    이 만화를 그리며 교회에서 주신 자료들을 비롯한 한국 교회의 역사를 스스로 공부하며 교회를 향한 냉소적 시각을 넘어 폭넓은 시선을 가질 수 있게 되었다. 기독교인으로서 우리가 전수해야 할 유산이 무엇인지 알았고 또한 자부심도 가질 수 있었다. 믿음의 선배들이 걸어온 신앙의 길, 이들이 꿈꾸었던 교회, 앞으로 우리가 꿈꿔야 할 교회가 속초중앙교회뿐 아니라 한국 교회에 더 많이 생겨나길 기대하며 만화를 완성했다. 부디 우리가 꿈꾸는 교회가, 이미 하늘에서 완성된 그 교회가, 이 땅에 온전히 임하기를 기도한다.

2023년 여름
글 작가 안정혜

등장 인물

주찬양
코로나 팬데믹을 겪으며 기독교인이라는 자신의 정체성에 부끄러움을 느끼는 열여섯 살 청소년. 주찬양이라는 이름에서 종교가 쉽게 드러나 곤혹스러워한다. 자신의 이름을 부끄러워하지 않을 방법을 고민하다가 출석하는 교회의 역사와 더 나아가 한국 교회 역사를 공부하며 진정한 기독교인으로 살아가는 법을 배운다.

최유찬
찬양이의 친구. 찬양이와 함께 교회 역사에 대해 공부한다. 예술고등학교 진학을 바라고 있다.

강석훈
찬양이와 유찬이가 출석하는 속초중앙교회의 담임목사. '신행일치'라는 목회 철학을 바탕으로, 교회의 문턱을 낮추고 지역 사회의 어려움을 살피고 돕기 위해 애쓰고 있다.

계대윤
속초중앙교회 목사. 속초중앙교회의 청년부와 '행복나눔 봉사단'을 맡았다. 현재는 서울 연동교회에서 사역 중이다.

고석진
속초중앙교회 장로. 속초중앙교회 70주년 역사편찬위원회 위원장에 임직되었다.

오영숙
찬양이의 할머니. 교회 권사로 교회 여전도회 역사를 맡아 조사했고, 찬양이에게 여전도회 역사를 알려 주었다.

주찬미
찬양이의 누나. 장래에 목사가 되기를 희망하고 있다. 찬양이가 이웃 사랑을 실천하는 데 어려움을 겪자, 적극적으로 도움을 준다.

김소영
속초중앙교회 전 청년부 회장. 팬데믹 시대에 이웃을 돕는 방법이 무엇인지 고민하는 청년이다.

1화
너 교회 다니지?

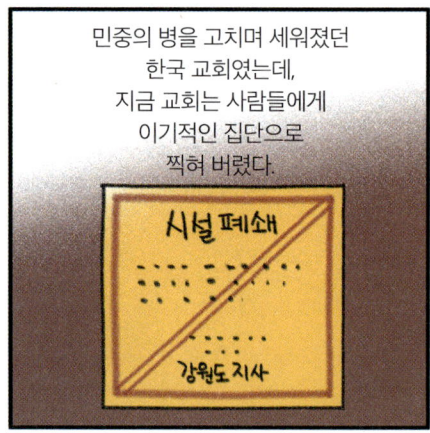

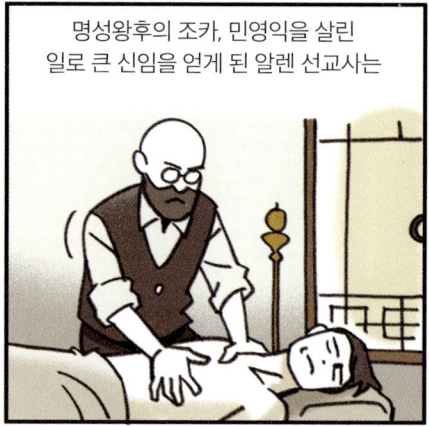

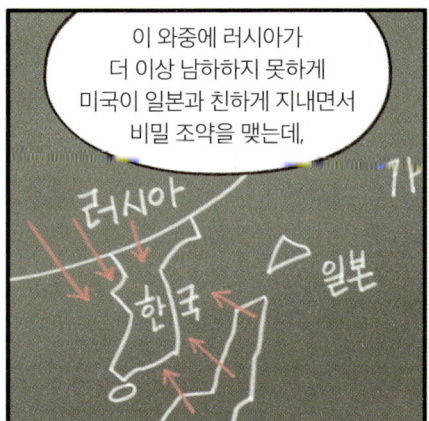

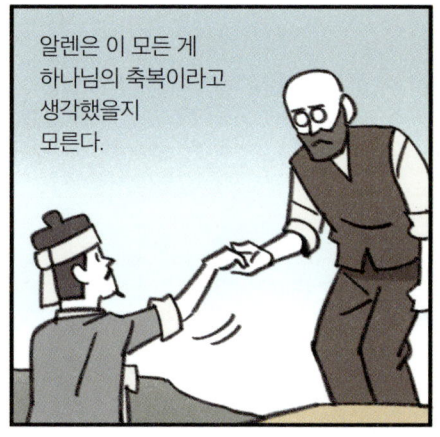

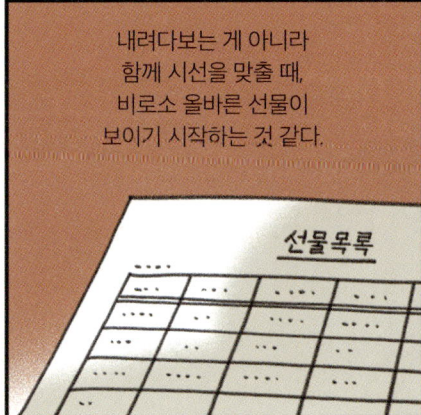

3화
한국 교회의 빛나는 유산

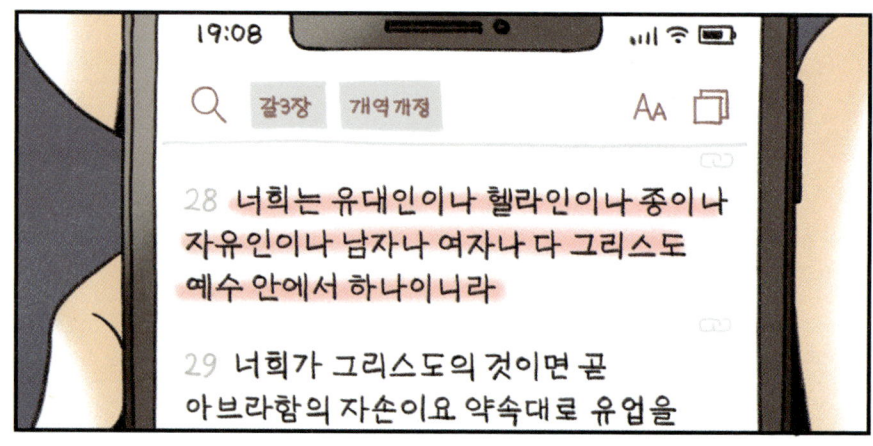

나 때문에 오늘 숙제 별로 못 했네. 미안…

아냐, 좋았음.

할머니 덕분에 교회에서 만나는 집사님이나 권사님 보는 시선이 좀 달라질 것 같음.

그래? 그럼 우리 누나가 나중에 목사님 해도 이상할 것 같지 않겠네?

그럴지도. 나 간다.

4화
이웃과 함께하는 교회

5화
내가 꿈꾸던 교회는

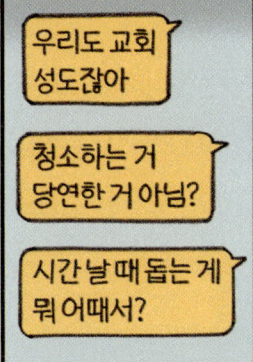

예수님을
따르기로 한 다짐을
매번 새롭게
기억할 테니까.

주

1화 너 교회 다니지?

1. "J. 모스에게 보내는 편지", 알렌 문서 MF361(1895년 6월 24일).
2. 이영미, "선교사에서 외교관으로: 알렌의 삶과 한국", 한국역사민속학회 58호, p. 263.

2화 말로 하지 않는 전도

1. 이영미, "선교사에서 외교관으로: 알렌의 삶과 한국", 한국역사민속학회 58호, p. 258.
2. 이영미, 같은 글, p. 261.
3. 1897년 4월 29일 철도사업가 매컬로우가 버몬트주 상원의원 프록터에게 보낸 편지.
4. 이영미, 같은 글, p. 264.
5. "알렌이 돌에게 한국의 해외이민법에 대해 알리는 건", 알렌문서 1075.
6. "알렌이 메저브에게 광산에서 자행된 고문 문제와 관련해 주의를 요청하는 건", 알렌문서 306.
7. 마가복음 12장 31절.
8. Origen, *Homilies on Luke*, 7.7, trans. J. T. Lienhard, FC 94 (Washington, DC: Catholic University of America Press, 1996), p. 31. 앨런 크라이더, 『초기 교회와 인내의 발효』(IVP), p. 143에서 재인용.
9. 앨런 크라이더, 『초기 교회와 인내의 발효』(IVP), pp. 143-144.

3 화 한국 교회의 빛나는 유산

1. 강성호, 『저항하는 그리스도인』(복있는사람), p. 84.
2. 사경회: 성경 공부를 통해 영적 각성과 생활 쇄신을 도모하는 집회.
3. 강성호, 같은 책, p. 84.
4. 강성호, 같은 책, pp. 85-86.
5. "전도 부인", 『한국민족대백과사전』(한국학중앙연구원).
6. 해방 후, 1955년 목사 안수를 받음.
7. 강성호, 같은 책, pp. 38-40.
8. 강성호, 같은 책, p. 40.
9. 강성호, 같은 책, p. 47.
10. 강성호, 같은 책, p. 30.
11. "이원익", 『한국민족대백과사전』(한국학중앙연구원).
12. 마태복음 7장 13-14절.

4 화 이웃과 함께하는 교회

1. 1952년 10월 26일 신병삼 집사댁에서 창립 예배를 드림.
2. "신병삼", 「한국 근현대 인물 자료」(국사편찬위원회).

내가 꿈꾸던 교회는

초판 발행_ 2023년 7월 20일

글쓴이_ 안정혜
그린이_ 김영화
펴낸이_ 정모세

펴낸곳_ 한국기독학생회출판부
등록번호_ 제2001-000198호(1978.6.1)
주소_ 04031 서울시 마포구 동교로 156-10
대표 전화_ (02) 337-2257 팩스_ (02) 337-2258
영업 전화_ (02) 338-2282 팩스_ 080-915-1515
홈페이지_ http://www.ivp.co.kr 이메일_ ivp@ivp.co.kr
ISBN 978-89-328-2156-6

ⓒ 안정혜, 김영화 2023

책값은 뒤표지에 있습니다.
무단 전재와 복제를 금합니다.